DEBUT D'UNE SERIE DE DOCUMENTS
EN COULEUR

SECONDE ÉDITION

DU

GUIDE PRATIQUE

A L'USAGE DES

SOUS-AGENTS DES POSTES

ET DES TÉLÉGRAPHES

PAR

X^r FÉRET DULONGBOIS

Commis de direction à Caen

Prix : 1 franc

EN VENTE CHEZ L'AUTEUR-ÉDITEUR

79, RUE DE L'ARQUETTE, 79

A CAEN

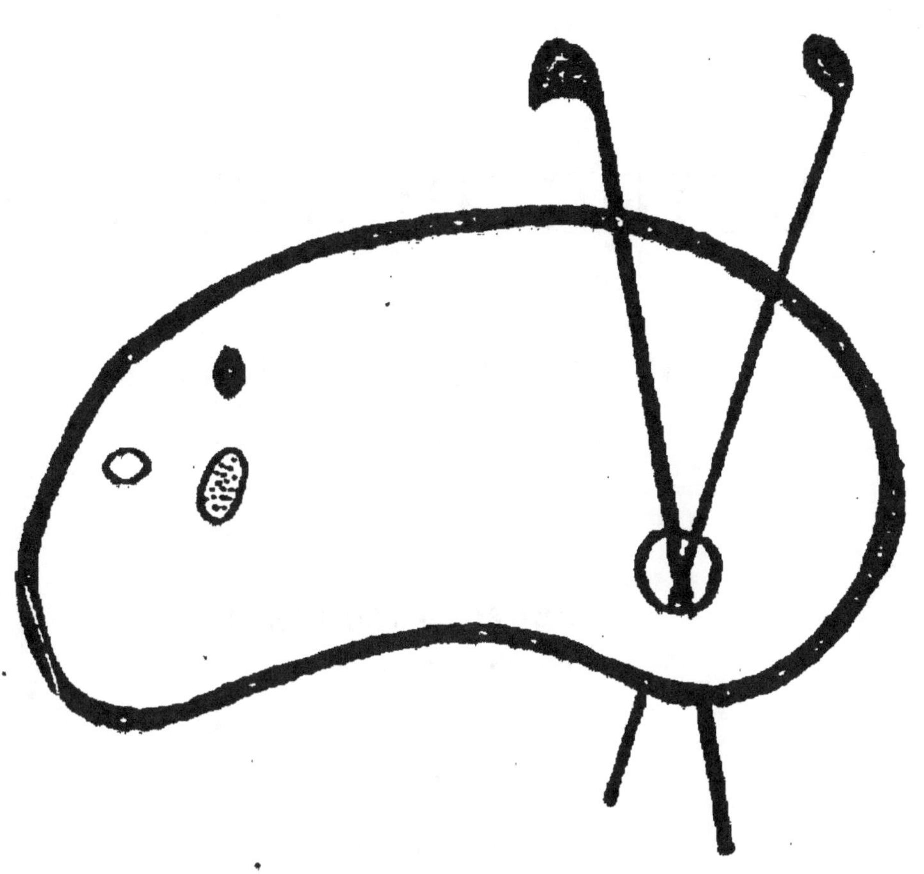

FIN D'UNE SERIE DE DOCUMENTS
EN COULEUR

SECONDE ÉDITION

DU

GUIDE PRATIQUE

A L'USAGE DES

SOUS-AGENTS DES POSTES

ET DES TÉLÉGRAPHES

PAR

X^r FÉRET DULONGBOIS

Commis de direction à Caen

Prix : 1 franc

EN VENTE CHEZ L'AUTEUR-ÉDITEUR

79, RUE DE L'ARQUETTE, 79

A CAEN

PRÉFACE

La première édition de mon *Guide pratique à l'usage des sous-agents des postes* étant presque épuisée, je me suis décidé, encouragé par de bienveillants conseils et cédant au désir que quelques facteurs ont bien voulu m'exprimer, à faire paraître une seconde édition beaucoup plus complète que la première et destinée aux sous-agents de l'exploitation des *Postes* et des *Télégraphes* en résidence en province.

En rédigeant cette nouvelle brochure sous une forme aussi simple et aussi pratique que possible, mettant de côté toute prétention littéraire, je n'ai eu qu'un but: celui de renseigner les sous-agents sur une foule de questions pouvant leur permettre la revendication de leurs droits. — Nul n'en pourra, je crois, contester la réelle utilité.

Les instructions et les circulaires relatives à leur situation dans l'Administration ont été réunies et coordonnées dans cet ouvrage de façon à fournir tous les renseignements nécessaires permettant à cette partie du personnel de se rendre compte de ce qu'il est en droit d'obtenir et des mesures à prendre, pour arriver au but qu'il se propose d'atteindre.

Sans doute les questions traitées dans le *Guide* sont prises à la source des documents officiels, mais peut-on affirmer que les sous-agents sont, dans la plupart des cas, en mesure de consulter avec profit l'Instruction générale?

Je ne le pense pas. Aussi est-ce dans le but de remédier à un état de choses qui m'a paru défectueux et, par suite, de venir en aide aux sous-agents du double service des Postes et des Télégraphes, que j'ai réuni dans cette brochure toutes les instructions les concernant et qu'il leur serait difficile de trouver dans les documents officiels.

Cette tâche que je me suis imposée, quoique très simple et bien terre-à-terre, suffira néanmoins à ma modeste ambition si le travail que j'ai accompli, et comme j'en ai le ferme espoir, est appelé à rendre quelques services au personnel si intéressant et si dévoué des sous-agents des Postes et des Télégraphes.

Comme un frêle enfant qui débute dans la vie et dont la marche chancelante réclame un soutien, mon *Guide* est également un nouveau-né, timide et tremblant, qui demande lui aussi aide et protection à tous ceux qui voudront bien, dans leur sagesse et leur expérience, lui donner de précieux conseils.

Je leur en exprime ici, à l'avance, ma vive gratitude.

X. FÉRET DULONGBOIS,
Commis de direction à Caen.

Caen, le 5 novembre 1896.

CHAPITRE PREMIER

Recrutement des Facteurs titulaires des Télégraphes

(Bulletin mensuel 1895, page 313)

Les emplois de facteur des télégraphes, dans les départements, sont réservés, jusqu'à concurrence des 3/4, aux sous-officiers *rengagés*. Les autres emplois sont attribués aux anciens militaires comptant cinq années de service actif dont deux comme sous-officier, caporal ou brigadier.

A défaut de candidats de ces deux catégories, les postes vacants sont accordés par ordre de priorité : 1° aux surveillants des télégraphes ; 2° aux ouvriers d'équipe ; 3° aux facteurs des postes.

Pour y prétendre, les ouvriers doivent être âgés de 3o ans au plus. Toutefois cette limite de 3o ans peut être reculée d'un nombre d'années égal à celui de la durée des services militaires ou autres valables pour la pension de retraite, sans cependant que l'âge des candidats puisse dépasser 4o ans.

Recrutement des Facteurs auxiliaires des Télégraphes

(Bulletin mensuel 1895, page 310)

L'emploi de facteur auxiliaire des télégraphes ne créé *aucun droit* aux emplois titulaires de l'Administration. Les candidats doivent être âgés de 13 ans au moins et de 15 ans au plus, savoir lire, écrire et compter, être de nationalité française, posséder les garanties morales et l'aptitude physique nécessaires.

Le minimum de 13 ans est abaissé à 12 ans pour les candidats pourvus du certificat d'études primaires.

Les candidatures ne sont agréées qu'autant que les facteurs auxiliaires peuvent résider avec leurs père et mère ou, à défaut, avec des parents en mesure de remplacer ceux-ci au point de vue de la surveillance.

Les jeunes facteurs qui, pour une cause quelconque, quittent le service, ne peuvent y être replacés après l'âge de 15 ans.

Ils ne peuvent être maintenus en fonctions au delà du terme légal fixé pour l'accomplissement des obligations militaires. Ceux qui sont réformés ou versés dans les services auxiliaires *cessent de participer au service au plus tard le 31 octobre de l'année dans laquelle les conseils de revision ont statué définitivement sur leur situation.*

De même que pour les facteurs titulaires, les candidats à l'emploi de facteur auxiliaire ne peuvent être attachés à un bureau dont le Receveur serait leur parent ou allié.

Recrutement des Facteurs des Postes

(Bulletin mensuel 1895, page 231)

Les postes de début sont les emplois de facteur local et de facteur rural. Les candidats à ces emplois doivent avoir satisfait aux obligations de la loi sur le recrutement de l'armée, être valides, sans infirmité, savoir lire, écrire et compter, être âgés de trente ans au plus. Si le candidat compte déjà des services valables pour la pension de retraite, la limite de trente ans peut être reculée d'un nombre d'années égal à celui de la durée de ces services, sans cependant que l'âge du candidat puisse dépasser quarante ans.

Tout postulant à un emploi de début doit adresser une

demande d'emploi, sur papier timbré de 0 fr. 60, au Préfet du département. Si cette demande est agréée, le Directeur des Postes et des Télégraphes invite l'intéressé à constituer son dossier, et, dans ce but, lui envoie la liste des pièces à fournir. Les Préfets nomment aux emplois de facteur rural, de facteur local et de facteur de ville, sur la proposition du Directeur départemental.

Un candidat ne peut être nommé facteur à un bureau dont le receveur serait son parent ou allié.

Indemnités de frais de premier établissement

(Article 51 de l'Instruction générale, bulletin mensuel de 1893, page 618, et B. m. 1895, page 344)

Les facteurs locaux et ruraux reçoivent, lors de leur nomination, une allocation de 55 francs à titre de frais de premier établissement, à l'aide de laquelle ils doivent se pourvoir des objets concernant le matériel qui leur est nécessaire.

Les sous-agents promus à l'emploi de facteurs de ville, de gardien de bureau, ou de facteur des télégraphes reçoivent une indemnité complémentaire de 20 francs.

Les sous-agents nommés facteurs-receveurs ont droit à une indemnité de 60 francs.

Les facteurs des télégraphes reçoivent une allocation de 75 francs.

Emplois d'avancement

(Bulletin mensuel 1895, pages 232 et 315)

Les postes d'avancement pour les facteurs locaux et ruraux sont les suivants : facteur de ville, gardien de bureau sédentaire et chargeur.

Les emplois de courrier-convoyeur et d'entreposeur sont,

en principe, réservés aux chargeurs ainsi qu'aux sous-agents des Postes et des Télégraphes ayant rempli, pendant un minimum de deux ans, les fonctions de gardien de bureau sédentaire.

Les facteurs des télégraphes âgés de 40 ans au plus peuvent prétendre à l'emploi de gardien de bureau sédentaire, s'ils ont l'aptitude nécessaire et s'ils sont bien notés.

Candidats à l'emploi de brigadier facteur

(Bulletin mensuel 1893, page 151)

Tous les sous-agents des Postes âgés de moins de trente-cinq ans, et ayant été facteurs distributeurs pendant au moins deux années, peuvent demander à concourir pour le poste de brigadier facteur.

Ne sont admis à ce concours que les sous-agents d'élite, vigoureux, connaissant parfaitement tous les détails du service qu'ils sont appelés à contrôler, et offrant toutes les garanties possibles de moralité.

Les épreuves pour l'emploi de brigadier facteur portent sur les matières suivantes :

1° Dictée (orthographe et écriture) ;

2° Rédaction ;

3° Arithmétique (les 4 premières règles et le système métrique);

4° Questions professionnelles concernant le service des facteurs des postes.

Le traitement de début est de 1200 francs et le traitement maximum de 2800 fr.

Les sous-agents reconnus admissibles aux fonctions de Brigadier-Facteur et qui sans motifs légitimes refuseraient les postes qui leur seraient assignés, perdraient le bénéfice de leur admission.

Candidats à l'emploi de chef-surveillant

(Bulletin mensuel de juin 1895, p. 149)

Les emplois de chef-surveillant des télégraphes sont attribués, soit à d'anciens sous-officiers rengagés ayant au moins 10 ans de service, soit à des sous-agents des télégraphes ayant satisfait aux épreuves d'un concours.

Pour être admis à concourir, les candidats doivent être très bien notés, compter au moins 3 ans de service dans les équipes, soit comme surveillants, soit comme ouvriers commissionnés et n'avoir pas atteint l'âge de 35 ans au 1er janvier de l'année du concours. En adressant leur demande au directeur départemental, ils indiquent s'ils sont à l'entière disposition de l'Administration ou s'ils ont, en cas de succès, des préférences au double point de vue de la résidence ou du service.

Un arrêté détermine la répartition des candidats entre les centres d'examen.

Les épreuves portent sur les matières suivantes :

1° Dictée servant d'épreuve d'écriture et d'orthographe;

2° Arithmétique (quatre premières règles, nombres décimaux, fractions et système métrique) ;

3° Dessin linéaire;

4° Questions professionnelles servant en même temps d'épreuves de rédaction.

Les épreuves professionnelles portent sur la comptabilité-matières, le service de la régie, la construction et l'entretien des lignes et des postes. Les sujets des compositions peuvent être différents pour le réseau souterrain et le réseau aérien.

Les emplois de chef-surveillant sont attribués dans l'ordre de classement aux candidats admis ayant rempli, pendant deux ans au moins, les fonctions de chef d'équipe.

Les candidats admis, qui n'ont pas été chefs d'équipe, sont

appelés à exercer ces dernières fonctions avant d'être nommés chefs-surveillants.

Les sous-agents reconnus admissibles aux fonctions de chef-surveillant qui, sans motifs légitimes, refuseraient les postes qui leur seraient assignés perdraient le bénéfice de leur admission.

Le traitement de début des chefs-surveillants est de 1200 francs et le traitement maximum de 2800 fr. Les sous-agents qui, lors de leur nomination en qualité de chef-surveillant, possèdent un traitement supérieur à 1200 francs le conservent, s'il s'agit d'un traitement *dit pair*, c'est-à-dire 1400, 1600, 1800, etc., ou reçoivent une majoration de 100 fr. s'ils ont un traitement *dit impair*, c'est-à-dire 1300, 1500, 1700, etc.

Sous-agents des postes, candidats à l'emploi de facteur des Télégraphes

Il n'est pris note des demandes formées par les facteurs des Postes en vue d'être nommés facteurs des Télégraphes, que lorsque les pétitionnaires ont acquis les connaissances nécessaires pour participer utilement à la recherche et au relèvement des dérangements de ligne et de poste.

Les postulants à cet emploi doivent donc avoir pris part aux travaux des équipes, en qualité d'auxiliaires. Ils sont remplacés, à leurs frais, dans leur service normal, pendant la durée de leur stage.

Le traitement de début des facteurs des Télégraphes est de 1,000 francs.

Candidats à l'emploi de facteur-receveur

(*Bulletin mensuel* 1892, *pages* 209 *et* 1161, *et Bulletin mensuel* 1893, *page* 114)

Les facteurs locaux et ruraux bien notés peuvent prendre part à l'examen d'aptitude pour l'emploi de facteur-receveur.

Cet examen a lieu au chef-lieu du département, et porte sur les matières suivantes :

1° Rédaction d'une note sur un sujet intéressant le service des sous-agents ;

2° Calcul des quatre premières règles d'arithmétique ;

3° Géographie de la France.

Le jour de l'examen, les candidats sont remplacés aux frais du Trésor, et reçoivent des ordres de service leur donnant le parcours gratuit en chemin de fer.

Le traitement de début est fixé à 800 francs, et peut atteindre 1.200 francs par échelons successifs de 100 francs.

Lorsqu'un sous-agent est nommé facteur-receveur, il y a lieu de fixer son nouveau traitement d'après son traitement ancien et sa haute-paye, en majorant, s'il est nécessaire, afin d'obtenir un chiffre multiple de 100.

Exemple : Un facteur rural ayant un traitement de 750 francs et une haute-paye de 100 francs serait nommé facteur-receveur au traitement, non de 850 francs, mais bien de 900 francs.

Les facteurs-receveurs n'ont pas droit aux hautes-payes, qui sont réservées exclusivement aux facteurs locaux et ruraux. Ils reçoivent une indemnité de 50 francs (au minimum), à titre de frais de régie, sont logés gratuitement et ont droit aux indemnités de service de nuit.

PRÉPARATION AUX EXAMENS

Nous ne pouvons mieux faire, en ce qui concerne la préparation aux examens de l'Administration, que de recommander à nos lecteurs le *Courrier des Examens* des Postes, Télégraphes et Téléphones, 3, rue d'Alençon (boulevard Montparnasse), à Paris.

Publiée par un Comité de Professeurs et d'Agents supérieurs des Postes et Télégraphes, cette Revue est exclusivement affectée à la préparation des candidats et candidates à
tous les examens de l'Administration. Pour y parvenir, elle
indique chaque quinzaine des leçons à étudier et des devoirs
distincts à faire pour chaque catégorie de postulants; elle
assure la correction de ces travaux moyennant un tarif très
réduit ; elle publie des traités spéciaux sur les matières qui
le nécessitent (Physique, Chimie, Géographie, etc.) ; elle donne
enfin des leçons orales pour les candidats qui se trouvent à
Paris aux époques voisines des sessions d'examen.

Aussi ses succès ne sont-ils plus à compter :

Depuis la création de l'École professionnelle supérieure, le
Courrier des Examens a préparé et vu réussir chaque année
à ce redoutable concours un nombre important de candidats ;
ces élèves ayant en outre acquis, par ce travail bien dirigé et
bien réglé, une aptitude particulière aux études, sont sortis
de l'École professionnelle dans d'excellentes conditions.

Si l'on considère les concours du Surnumérariat, on cons-
tate que plus de la moitié des candidats préparés par le
Courrier des Examens ont été admis, la plupart avec un
excellent numéro de classement.

Le succès n'a pas été moindre en ce qui concerne les postulantes, Dames employées, ou les Candidats aux emplois de
sous-agents : pour ne citer qu'un exemple, au Cours de l'année 1896, les deux tiers des postulantes Dames employées qui
avaient travaillé sous la direction du *Courrier* ont été décla-
rées admissibles.

Nos lecteurs trouveront ci-après (p. 68) des renseignements
plus complets sur le fonctionnement de cette utile publication.

Traitements

Les facteurs locaux et ruraux sont rémunérés proportion-
nellement à l'étendue de leur parcours et à raison de 7 cen-

times un quart par kilomètre. Le maximum des kilomètres à parcourir étant de 32, celui du traitement annuel est de 850 francs, soit 2 fr. 36 par jour.

Les traitements des autres sous-agents sont :

Facteurs de ville et des télégraphes : 1000 francs à 1.500 francs, par échelons de 100 francs.

Gardiens de bureau : 1.000 francs à 1.800 francs, par échelons de 100 francs.

Facteurs de ville chefs et facteurs chefs des télégraphes 1.000 francs à 1.800 francs, par échelons de 100 francs.

Chargeurs : 1.000 francs à 1.800 francs, par échelons de 100 francs.

Courriers - convoyeurs et entreposeurs : 1.000 francs à 2.000 francs, par échelons de 200 francs.

Chefs-surveillants : 1.200 francs à 2.800 francs par échelons de 200 francs.

Brigadiers facteurs : 1.200 francs à 2.800 francs, par échelons de 200 francs.

Les facteurs de ville chefs et les facteurs chefs des télégraphes reçoivent, au moment de leur promotion, une augmentation de 100 francs en dehors de l'avancement normal, pour lequel ils conservent l'ancienneté acquise dans leur traitement de simple facteur. Cette mesure n'est pas appliquée aux facteurs de ville sous-chefs, dont le maximum de traitement reste d'ailleurs fixé à 1.500 francs. Les facteurs-chefs des télégraphes reçoivent en outre une indemnité spéciale mensuelle de 20 francs.

L'allocation spéciale de 100 francs afférente aux fonctions de facteur-chef n'est pas maintenue en cas de changement d'attributions.

L'avancement est subordonné aux nécessités budgétaires. Actuellement, les promotions à un traitement supérieur ont lieu à trois ans environ, avec une différence de un ou de plusieurs mois, suivant les notes obtenues sur les feuilles signalétiques. La rétribution de début des facteurs auxiliaires des télégraphes est fixée à 400 francs, la rétribution maximum est fixée à 900 francs. L'avancement, par échelons de 100 francs, a lieu actuellement à 2 ans environ.

Hautes-payes

(Bulletin mensuel 1895, page 232)

Les hautes-payes sont accordées dans les conditions ci-après, aux facteurs locaux et ruraux bien notés :

Première haute-paye, de 50 francs, après cinq ans de service effectif ;

Deuxième haute-paye, de 100 francs, après cinq ans de possession de la première haute-paye ;

Troisième haute-paye, de 150 francs, après cinq ans de possession de la deuxième haute-paye ;

Quatrième haute-paye, de 200 francs, après cinq ans de possession de la troisième haute-paye ;

Cinquième haute-paye, de 250 francs, après cinq ans de possession de la quatrième haute-paye.

Les hautes-payes s'ajoutent au traitement pour le décompte des pensions de retraite.

Conditions de réintégration dans la possession d'une haute-paye

(Bulletin mensuel 1891, page 174)

Les facteurs privés de la haute-paye par mesure disciplinaire peuvent, si depuis ils ont été l'objet d'appréciations entièrement satisfaisantes, être proposés pour obtenir de nouveau cette haute-paye après un an de service effectif. Si la proposition est admise, ces sous-agents sont remis en possession de la haute-paye dont ils étaient précédemment titulaires, quelle que soit la durée de leur service.

Les facteurs réintégrés après avoir été révoqués, rayés des

cadres, mis en disponibilité d'office, sont soumis aux mêmes réglements que les débutants,

Les facteurs de ville, les facteurs-receveurs, les gardiens de bureau appelés dans le service local ou rural par mesure disciplinaire peuvent être proposés pour une haute-paye en rapport avec l'ancienneté de leurs services, un an après leur déchéance, s'ils n'ont pas cessé d'appartenir à l'Administration. Les sous-agents titulaires d'emplois ne comportant pas de hautes-payes qui sont nommés facteurs locaux ou ruraux sur leur demande, ou en raison des nécessités du service, peuvent être pourvus de la haute-paye correspondant à leur ancienneté dans l'Administration, s'ils n'ont cessé d'être parfaitement notés. La date à laquelle commencent à courir leurs droits à la haute-paye suivante est fixée d'après l'ancienneté de leurs services comme s'ils avaient été constamment facteurs locaux ou ruraux. Les facteurs locaux et ruraux réintégrés après démission ou mise en disponibilité volontaire peuvent, dès leur réintégration, être pourvus de la haute-paye dont ils jouissaient lorsqu'ils ont quitté l'Administration.

CHAPITRE II

Congés pour affaires

(Bulletin mensuel 1892, page 15, Bulletin mensuel 1895, page 126, et Bulletin mensuel 1896, page 48)

En principe, les sous-agents des Postes et des Télégraphes peuvent obtenir un congé de quinze jours pour affaires chaque année, à la condition d'être remplacés, à leurs frais, par des facteurs intérimaires *agréés et assermentés*.

Aucun sous-agent ne peut, dans aucun cas, interrompre son service ni s'absenter de sa résidence sans autorisation du chef de service du département, ou sans en avoir tout au moins obtenu la permission de son receveur.

Par mesure bienveillante et exceptionnelle, les facteurs locaux et ruraux *peuvent* être autorisés à se faire remplacer douze jours par an aux frais du Trésor, et à prendre ces douze jours en une ou plusieurs fois. En outre, ceux qui sont en possession d'une haute-paye peuvent, avec l'autorisation du receveur, se faire suppléer un jour par semaine à leurs frais.

Les congés sont supprimés d'une façon absolue du 15 décembre au 15 janvier de chaque année.

Dans l'intérêt même des sous-agents, les intérimaires assermentés doivent, dans la limite du possible, marcher à des prix ne dépassant pas le salaire des facteurs remplacés.

Les frais de remplacement ne peuvent, sous aucun prétexte, excéder le crédit inscrit au budget avec cette affectation.

Il en résulte que, si les prix demandés par les remplaçants étaient exagérés, l'Administration pourrait se trouver, à regret, dans l'obligation de refuser les congés lorsque les crédits seraient totalement épuisés.

Les sous-agents en congé pour affaires devant, aux termes des instructions formelles de l'Administration, être remplacés par des auxiliaires agréés et assermentés, il est nécessaire que le personnel intéressé effectue les recherches les plus actives en vue de pourvoir chaque bureau de facteurs intérimaires.

Quant aux jeunes facteurs des télégraphes qui sont des auxiliaires, ils ne doivent recevoir aucune rémunération quand ils ne participent pas au service.

Congés pour maladie

(Bulletin mensuel 1892, page 15, Bulletin mensuel 1896, page 18)

Les congés accordés pour cause de maladie ne peuvent excéder six mois, consécutifs ou non, dans le courant de la même année ; c'est ainsi qu'un sous-agent ne pourra obtenir, en une ou plusieurs fois, du 1er janvier au 31 décembre, plus de six mois de congé.

Après une reprise effective de service de deux mois, un sous-agent peut obtenir l'année suivante un nouveau congé de six mois.

Les trois premiers mois *peuvent* être accordés avec traitement entier, et les mois suivants avec demi-traitement.

Si, à l'expiration des six mois de congé pour maladie, le sous-agent n'était pas en mesure de reprendre ses fonctions, il serait mis en disponibilité d'office. Les certificats de maladie sont délivrés, soit par le médecin assermenté sur papier libre, soit par le médecin traitant sur papier timbré de o fr. 6o.

Les certificats de maladie doivent toujours être légalisés.

Les sous-agents malades ne peuvent quitter leur résidence qu'après avoir fourni un certificat du médecin *assermenté* et avoir obtenu l'autorisation du Directeur.

Les facteurs auxiliaires des télégraphes malades n'ont droit à aucune rétribution. Il ne peut être dérogé à cette règle qu'en cas d'incapacité de travail résultant d'accident survenu en service. La dérogation devrait, le cas échéant, être autorisée explicitement par l'Administration.

Absence du bureau ou de la résidence

(Circulaire du 18 Août 1887)

Lorsque par suite de circonstances imprévues un sous-agent se trouve dans l'impossibilité de prendre son service à l'heure fixée, il doit aussitôt en informer son chef immédiat et en l'absence de tout avis, c'est à ce dernier lui-même à s'enquérir sans retard des motifs pour lesquels ce sous-agent ne s'est pas présenté au bureau.

Aucun sous-agent ne peut quitter sa résidence sans en avoir obtenu l'autorisation du Directeur. En cas de maladie le sous-agent doit fournir un certificat de médecin *assermenté* (art. 87-88 et 92 de l'instruction générale). Le sous-agent qui quitterait sa résidence sans avoir obtenu l'autorisation du Directeur départemental s'exposerait à une mesure disciplinaire très rigoureuse. — Toutefois, dans les cas graves, les receveurs peuvent, sous leur entière responsabilité, autoriser un sous-agent malade à quitter sa résidence pour aller se faire soigner dans sa famille.

Frais de remplacement

(Bulletin mensuel 1892, page 16)

Le remboursement des frais de remplacement n'est autorisé que si l'interruption de fonctions est réellement justifiée.

Tout sous-agent qui ne reprendrait pas *immédiatement* son service dès que son état de santé le lui permettrait serait exclu du remboursement des sommes à payer à son remplaçant; il s'exposerait, en outre, à une mesure disciplinaire rigoureuse.

Le remboursement des frais de remplacement n'est accordé qu'aux sous-agents très bien notés à tous égards, et dans la limite des disponibilités budgétaires. Les facteurs auxiliaires des télégraphes n'ont pas droit, en principe, aux frais de remplacement.

Vœux à exprimer sur les feuilles signalétiques

(Bulletin mensuel 1893, page 102)

L'Administration tient essentiellement à ce que chaque sous-agent indique explicitement, sur sa feuille signalétique, s'il désire un changement de tournée, un changement de résidence, un changement d'emploi ou de position, etc., ou s'il préfère rester en place, dans sa situation actuelle. Il est pris note, à la Direction départementale d'abord, à l'Administration ensuite, des désirs ainsi formulés; lorsqu'une vacance doit se produire, il est tenu le plus grand compte des mérites des candidats, et, à mérite égal, de l'ancienneté d'inscription des demandes.

Comme conséquence de ces dispositions, les sous-agents doivent s'abstenir d'adresser de nouvelles communications sur le même sujet, et les demandes de modifications aux indications portées sur les feuilles signalétiques ne seraient *transmises* qu'autant que les changements seraient motivés par des circonstances qu'il eût été *impossible de prévoir* au moment où ces feuilles auraient été dressées.

Incompatibilités

(Bulletin mensuel 1890, page 986)

Les fonctions de sous-agents des Postes sont incompatibles avec celles de maire ou d'adjoint, avec l'exercice de toute industrie ou de tout commerce, avec la profession d'officier ministériel, d'employé ou d'intéressé dans une agence ou cabinet d'affaires.

Aucun sous-agent ne peut exercer les fonctions de conseiller municipal avant d'avoir obtenu, au préalable, l'autorisation de l'Administration.

Bons de demi-place

(Bulletin mensuel 1890, page 987)

Les demandes de bons de demi-place en chemin de fer doivent être adressées par la voie hiérarchique à M. le Sous-Secrétaire d'État des Postes et des Télégraphes. L'Administration ne peut intervenir pour l'obtention de ces bons que lorsqu'il s'agit de parcours direct avec arrêt, s'il y a lieu, sur le parcours. — Par suite, il n'est pas possible d'obtenir de réduction de place pour un voyage circulaire.

Les bons de 1/2 place doivent porter la signature du bénéficiaire ainsi que le timbre à date de la gare de départ; ils doivent être rendus, avec le billet de 1/2 place, à l'arrivée à destination définitive du trajet accompli sur les Compagnies qui ont délivré ces bons. Les bons de 1/2 place délivrés par les Compagnies du Nord, de l'Est, de Paris-Lyon-Méditerranée, d'Orléans, de l'État et du Midi sont valables pendant trois mois à partir du jour où ils sont délivrés. Les bons de 1/2 place accordés par la Compagnie de l'Ouest ne sont valables que pendant 2 mois à dater du jour où ils ont été délivrés. — Les délais peuvent être prolongés en cas de besoin sur demande transmise par la voie officielle.

Situation militaire des Sous-Agents des Postes et des Télégraphes

Conformément aux dispositions de la loi du 15 juillet 1889, les sous-agents des Postes et des Télégraphes sont classés dans l'affectation spéciale ou inscrits sur les contrôles des non-disponibles dès qu'ils ont *6 mois de fonctions*. Les hommes ayant reçu une affectation spéciale et ceux classés non-disponibles sont dispensés des convocations. Ils ne doivent donc pas répondre aux appels auxquels sont astreints les hommes de la classe de mobilisation dont ils font partie.

Les facteurs des télégraphes comptant 6 *mois de fonctions* sont inscrits sur les contrôles de la télégraphie militaire ainsi que les facteurs-ruraux ayant satisfait à la loi militaire et appartenant encore à la réserve de l'armée active, c'est-à-dire âgés de moins de 35 ans.

Les autres sous-agents sont inscrits dans la non-disponibilité lorsqu'ils comptent 6 *mois de services effectifs*. Les *débutants doivent donc répondre à toute convocation militaire, à tout appel et à toute revue prescrits par l'autorité militaire tant qu'ils n'ont pas 6 mois de fonctions dans l'Administration*.

CHAPITRE III

Saisies-arrêts

*(Circulaire du 19 février 1891, et article 1191 de l'Instruction
générale)*

Aux termes de l'article 1er de la loi du 12 janvier 1895, les
traitements des sous-agents ne sont saisissables que jusqu'à
concurrence du dixième lorsqu'ils ne dépassent pas 2.000
francs. La main-levée d'une saisie-arrêt ou opposition peut
être obtenue à l'amiable, par acte notarié, enregistré et légalisé.

Les oppositions et les mains-levées des oppositions sont
reçues par le receveur principal du département.

Discipline et mesures disciplinaires

*(Articles 73 et 80 de l'Instruction générale, Bulletin mensuel, n° 106
supplémentaire de 1878, et B. M. 1896, page 306)*

Les punitions à infliger aux sous-agents sont :

Par le directeur, l'avertissement.

Par l'Administration : l'avertissement comminatoire ; — le
changement de résidence sans diminution de traitement ; —
la déchéance de traitement ou de grade sans changement de
résidence ; — le changement de résidence avec diminution de
traitement ; — la radiation des cadres ou la mise à la retraite
d'office, — la révocation. En outre, les sous-agents sont passi-
bles de la privation de la haute-paye en tout ou en partie ainsi

que de la suspension de fonctions pour une durée déterminée par la nature et la gravité de la faute.

Nota.— Le changement de résidence ne sera prononcé avec la suspension que dans les cas graves, notamment lorsque le maintien, même provisoire, du sous-agent dans son poste présentera de sérieux inconvénients, et pour les faits qui sont de nature à entraîner la révocation, même sans antécédents disciplinaires.

Est puni de révocation, tout sous-agent des Postes convaincu :

1° D'avoir violé le secret des correspondances ;

2° D'avoir sciemment fait usage de timbres-poste ayant déjà servi ;

3° D'avoir retenu sciemment, supprimé ou détruit un objet de correspondance *quelconque* ;

4° D'avoir frauduleusement transporté ou distribué des lettres ou d'autres objets de correspondance ;

5° D'avoir exigé une taxe excédant celle qu'il savait être due, ou une rémunération quelconque non autorisée, à l'occasion du service.

La même peine peut être appliquée à tout facteur démissionnaire qui abandonne son poste avant d'en avoir obtenu l'autorisation.

M. Coulon, directeur général des Postes et des Télégraphes, a rappelé, le 24 septembre 1888, au personnel que, dans l'organisation administrative de la France, les s.-agents ne peuvent avoir légalement d'autres représentants que leurs supérieurs hiérarchiques.

Il est donc formellement interdit au personnel de se former en syndicat et tout sous-agent qui prendrait le titre de délégué, ou toute autre qualification analogue, pourrait être l'objet d'une mesure disciplinaire des plus rigoureuses, c'est-à-dire être rayé des cadres ou révoqué.

Réclamations formées par le personnel.

(Bulletin mensuel 1888, page 38)

Aux termes de l'art. 73 de l'instruction générale, les sous-agents ne peuvent correspondre avec leurs supérieurs que par la voie hiérarchique.

Une notification parue au B. M. de mars 1888 fait connaître qu'une copie des réclamations remises, soit aux Receveurs, soit aux Directeurs, peut être adressée directement à l'Administration pourvu que cette copie *fasse mention de la date à laquelle la réclamation aura été remise par le sous-agent à son supérieur immédiat.*

Le personnel agira sagement en n'usant que fort discrètement de cette disposition bienveillante des règlements.

CHAPITRE IV

—

Habillement — Durée des effets

(Bulletin mensuel 1892, pages 841 et 850)

L'Administration délivre aux sous-agents des Postes et des Télégraphes des effets d'habillement, dont la durée est déterminée d'avance, qui doivent être tenus en bon état de propreté et entretenus aux frais des intéressés.

Les effets d'uniforme étant la propriété de l'Administration, les facteurs démissionnaires, en disponibilité sur leur demande, rayés des cadres ou révoqués, sont tenus de rendre tous les objets n'ayant pas accompli la durée réglementaire. La valeur des effets non représentés doit être payée par le sous-agent; en cas de refus, il est passible de *poursuites judiciaires*.

Les tableaux ci-après indiquent les objets d'habillement fournis aux sous-agents, ainsi que la durée de ces effets.

SOUS-AGENTS DES POSTES

CATÉGORIES de SOUS-AGENTS	EFFETS À FOURNIR				DURÉE des EFFETS	OBSERVATIONS
	L'ANNÉE DE L'ENTRÉE EN SERVICE		LES ANNÉES SUIVANTES			
	Première mise.	Tenue complémentaire 6 mois après la prise de service.	La 1re année après celle de l'entrée en service. — 2e tenue	La 2e année après celle de l'entrée en service. — 1re tenue		
Brigadiers facteurs. *Facteurs chefs……* *Facteurs sous-chefs..* — avec tunique..	1 tunique. 1 pantal. drap. 1 — coutil. 1 képi. 1 manteau.	1 tunique. 1 pantal. drap. » » »	1 tunique. 1 pantal. drap. 1 — coutil. 1 képi. »	1 tunique. 2 pantal. drap. » 1 képi. »	1 an. 1 an. 1 an. 1 an. 6 ans.	Par mesure exceptionnelle, le manteau des brigadiers facteurs est donné pour 3 ans seulement et le pantalon de coutil donné à ces s.-agents est remplacé par un 2e pantalon de drap. (B. M. 1894, p. 48 et 112).
Facteurs-receveurs. *Facteurs de ville….* *Facteurs locaux… .* — avec veston…	1 veston. 1 pantal. drap. 1 — coutil. 1 képi. 1 manteau. »	1 veston. 1 pantal. drap. » » » »	1 veston. 1 pantal. cout l. 1 — drap. 1 képi. » 1 gilet.	1 veston 2 pantal. drap. » 1 képi. » »	1 an. 1 an. 1 an. 1 an. 6 ans. 2 ans.	
Facteurs ruraux…………	1 veston. 2 blouses. 1 pantal. drap. 1 — coutil 1 képi. 1 manteau. »	» » 1 pantal. drap. » » » »	» 2 blouses. 1 pantal. drap 1 — coutil. 1 képi. » 1 gilet.	1 veston. 2 blouses. 2 pantal. drap » 1 képi. » »	2 ans. 1 an. 1 an. 1 an. 1 an. 6 ans. 2 ans.	
Gardiens des bureaux sédentaires et chargeurs…………	» » » » » »	» » » » » »	1 veston. 2 blouses. 1 gilet. 2 pantal. drap. 1 casquette. 1 manteau.	1 veston. 2 blouses. 1 gilet. 2 pantal. drap. 1 casquette. »	1 an. 1 an. 1 an. 1 an. 1 an. 6 ans.	Le manteau des chargeurs est donné pour 3 ans seulement.
Courriers-convoyeurs et entreposeurs…………	» » » » »	» » » » »	1 veston. 1 gilet. 1 pantal. drap. 1 casquette. 1 manteau.	1 veston. 1 gilet 2 pantal. drap. 1 casquette. »	1 an. 1 an. 1 an. 1 an. 3 ans.	

SOUS-AGENTS DES TÉLÉGRAPHES

CATÉGORIES de SOUS-AGENTS		EFFETS À FOURNIR				DURÉE des EFFETS	OBSERVATIONS
		L'ANNÉE DE L'ENTRÉE EN SERVICE		LES ANNÉES SUIVANTES			
		Première mise	Tenue complémentaire (3 mois après l'entrée en service)	La 1re année après celle de l'entrée en service. — 2e tenue	La 2e année après celle de l'entrée en service. — 1re tenue		
Facteurs titulaires	Dont la tenue comporte la tunique	1 tunique, 1 pantal. drap., 1 pantal. coutil 1 képi, 1 manteau.	1 tunique, 1 pantal. drap. » » »	1 tunique, 1 pantal. drap., 1 — coutil. 1 képi. »	1 tunique. 2 pantal. drap. » 1 képi. »	1 an. 1 an. 1 an. 6 ans.	
	Dont la tenue comporte le veston	1 veston, 1 pantal. drap., 1 pantal. coutil 1 képi. 1 manteau. »	1 veston, 1 pantal. drap. » » » »	1 veston 1 pantal. drap., 1 — coutil. 1 képi. » 1 gilet.	1 veston. 2 pantal. drap. » 1 képi. » »	1 an. 1 an. 1 an. 6 ans. 2 ans.	
Facteurs enfants des Télégraphes		1 veston, 1 pantal. drap., 1 pantal. coutil 1 casquette. 1 manteau. »	1 veston. 1 pantal. drap. » » » »	1 veston, 1 pantal. drap., 1 — coutil. 1 casquette » 1 gilet.	1 veston. 2 pantal. drap. » 1 casquette. » »	1 an. 1 an. 1 an. 1 an. 6 ans. 2 ans.	

NOTA. — Les facteurs surveillants des télégraphes ont droit aux vareuses et aux cottes de travail destinées aux sous-agents du service technique.

Les effets composant la 1re et la 2e tenue sont donnés alternativement et successivement d'année en année, l'uniforme étant complété par le manteau quand il y a lieu.

L'Administration a décidé que les facteurs locaux attachés à des recettes simples de 3e classe pourront faire usage de la blouse, pendant l'été, mais sous la réserve que la blouse sera conforme au type adopté pour les facteurs ruraux et qu'ils en feront l'acquisition de leurs propres deniers.

La même autorisation pourra être accordée par le Directeur départemental aux facteurs locaux des bureaux de 1re et de 2e classe ayant une tournée importante en dehors de l'agglomération. (B. M., 1896, page 284.)

Mutations dans l'habillement

(Bulletin mensuel 1892, page 848)

En cas de changement d'emploi, les sous-agents utilisent leur tenue en cours de durée jusqu'à l'époque normale de renouvellement. Il n'est fait d'exception à cette règle que pour les sous-agents promus brigadiers-facteurs, facteurs-chefs, facteurs sous-chefs et facteurs-receveurs, auxquels on accorde un objet de coiffure correspondant au nouveau grade; le dernier objet de coiffure reçu par les sous-agents est alors rendu pour être renvoyé au dépôt de l'habillement.

CHAPITRE V

Étrennes, Indemnités et remises diverses

Étrennes.

Une notification parue au Bulletin mensuel de 1895, page 115, fait connaître que l'Administration a décidé de ne plus intervenir dans la question du partage des sommes reçues par les facteurs à titre d'étrennes.

Sont, en conséquence, abrogées les dispositions insérées au Bulletin mensuel de mars 1862, page 156.

Indemnités accordées aux facteurs des télégraphes chargés de la recherche et de la réparation des dérangements de ligne ou de poste

(Bulletin mensuel 1895, page 63)

Ces indemnités sont :

Pour tout déplacement ayant obligé le sous-agent :

1° A prendre un repas hors de sa résidence.......... 1f50
2°   —   deux   — 3f
3° A découcher et à prendre un repas hors de sa résidence   2,50
4°   —   —   deux   —   4 fr.

Pour tout déplacement de plus longue durée, par période de vingt-quatre heures.... .... 4 fr. plus un appoint calculé sur les bases ci-dessus.

L'Administration a déterminé le temps d'absence ouvrant des droits à l'indemnité de repas et à l'indemnité de découché.

Ainsi, un facteur des Télégraphes absent de 10 h. du matin à 1 heure de l'après-midi, ou de 5 heures à 8 heures du soir, a droit à l'indemnité de 1 fr. 50; un facteur absent de 8 heures du matin à 9 heures du soir, a droit à............. 3 fr.

Lorsque la mission que le sous-agent a à remplir l'oblige à découcher, une indemnité de 1 fr. s'ajoute aux chiffres indiqués ci-dessus; par suite, un facteur absent de 2 heures de l'après-midi à 9 heures du matin a droit à............ 2 fr. 50

On ne doit pas considérer comme ayant découché le sous-agent qui, pour rentrer à sa résidence, passerait une partie de la nuit en chemin de fer ou en voiture publique. Cette indemnité ne lui serait due que si son voyage le tenait toute la nuit entière hors de son domicile.

Tout sous-agent qui essayerait de tromper l'Administration sur la durée réelle de son absence de sa résidence s'exposerait à une mesure disciplinaire des plus rigoureuses.

Indemnités accordées pour l'emploi du vélocipède aux sous-agents des Télégraphes ainsi qu'aux jeunes facteurs âgés de 15 à 19 ans

(Bulletin mensuel 1895, pages 178 et suivantes)

L'usage du vélocipède pour le service de la distribution des télégrammes est autorisé, dans certains bureaux et à un certain nombre de sous-agents désignés à cet effet.

Sont admis de préférence les jeunes facteurs âgés de 15 à 19 ans, et dûment autorisés par leurs familles, ainsi que les facteurs titulaires bien notés et ayant l'aptitude physique nécessaire.

L'Administration s'est réservé le droit de retirer les autorisations accordées aux sous-agents signalés pour leur mauvais service, leur mauvais vouloir ou leur inhabileté à manier le vélocipède.

Il n'est pas loisible aux vélocipédistes de cesser à leur gré, sans motif légitime, d'effectuer la distribution à vélocipède. Ils encourraient de ce fait les peines disciplinaires réglementaires jusques et y compris la révocation.

Les sous-agents qui désirent cesser l'emploi du vélocipède doivent adresser une demande motivée, par la voie hiérarchique, et attendre, avant d'abandonner ce service, la décision de l'Administration.

Le vélocipède admis est la bicyclette à caoutchouc creux ou pneumatique. L'expérience et la pratique ont prouvé que le caoutchouc pneumatique est souvent préférable.

La machine à employer doit être agréée par le Receveur.

Il est de l'intérêt des facteurs de ne pas abandonner leur machine sur la voie publique et de la conduire dans un couloir en ayant toujours soin de faire usage de la chaînette de sûreté.

Il est alloué à chaque facteur vélocipédiste une indemnité mensuelle de 15 fr. se décomposant ainsi : 10 fr. pour l'achat et l'entretien du vélocipède et 5 fr. à titre de rémunération spéciale.

Il n'est pas fait de déduction pour les interruptions de service résultant :

1° Des congés de 15 jours pour affaires ;

2° De l'impraticabilité reconnue des voies de communication ;

3° De la réparation ou du remplacement d'une machine *détériorée en service.*

L'indemnité mensuelle de 10 fr. correspondant aux frais d'achat et d'entretien de la machine est acquise aux sous-agents pendant les congés de maladie ne dépassant pas 6 mois.

Quant à l'indemnité de 5 fr. à titre de rémunération spéciale, en cas de maladie, cette indemnité est calculée au prorata du nombre de jours de présence.

Les facteurs vélocipédistes à qui l'autorisation de se servir du vélocipède est retirée par mesure *autre qu'une mesure disciplinaire* reçoivent pendant un délai de trois mois, à compter du jour du retrait de cette autorisation, l'indemnité de 10 fr. par mois.

Indemnité de chaussure

Une indemnité de chaussure, fixée à 3o fr. par an, est accordée aux brigadiers-facteurs, aux facteurs de ville, aux facteurs locaux, aux facteurs ruraux, aux jeunes facteurs des télégraphes et aux facteurs titulaires des télégraphes.

Les facteurs titulaires des télégraphes ayant débuté avant le 1er décembre 1884 touchent une indemnité de chaussure de 50 francs par an.

L'indemnité de chaussure est mandatée à la fin de chaque trimestre.

Cette indemnité n'est pas sujette à retenue pendant toute la durée des congés ou des absences autorisées y compris les congés de maladie ne dépassant pas 6 mois dans une année.

Elle n'est retenue qu'en cas d'absence illicite, abandon de service, suspension de fonctions, radiation des cadres ou révocation. Cette retenue est opérée au prorata du nombre de jours d'absence. (B. M. 1896, page 282.)

Remises au profit des sous-agents des Postes
sur les valeurs recouvrées

(Bulletin mensuel 1886, page 509)

Les sous-agents des postes ont droit, à titre de remise sur le montant de chaque valeur recouvrée, à une somme de 5 centimes par 20 francs ou fractions de 20 francs, mais le montant de la remise ne peut excéder o fr. 25 par valeur recouvrée.

Les facteurs-receveurs qui font à la fois le service de Receveur et celui de Facteur ont droit à une somme de o fr. 10 par 20 francs ou fractions de 20 francs, mais le montant de la remise ne peut dépasser o fr. 50 par valeur recouvrée. Ils n'ont droit, bien entendu, qu'à la moitié de ces remises si le recouvrement a été opéré par un facteur attaché à leur établissement. Les remises dont il s'agit sont acquises au facteur, alors même que le payement de l'effet aurait lieu au bureau. Toutefois s'il s'agit de valeurs qui ont fait l'objet de deux présentations successives infructueuses au domicile du débiteur par deux facteurs différents et qui ont été retirées ensuite au bureau, la remise appartient au facteur qui a effectué là première présentation. Si l'encaissement avait eu lieu à la 2e présentation, c'est le 2e facteur qui aurait eu droit à la remise. De même lorsque les recouvrements doivent être opérés par les facteurs de relais la remise est due à ces derniers. (B. M. de mai 1879, page 380.)

Remises sur la vente des timbres-poste apposés sur les enveloppes n° 1488

(Bulletin mensuel avril 1891, page 94)

Les enveloppes n° 1488 de valeurs à recouvrer ne doivent être vendues au public qu'après avoir été revêtues d'un timbre-poste de 25 centimes. Les facteurs des postes ont droit à la remise de 1 o/o, lorsqu'ils servent d'intermédiaires pour la vente de ces enveloppes.

Remises sur la vente des timbres-poste, des cartes postales, des enveloppes timbrées et des bandes timbrées

(Art. 259. Instruction générale)

Une remise de 1 p. 100 est allouée aux sous-agents des postes sur la vente des timbres-poste, cartes postales, enveloppes timbrées et bandes timbrées vendues par leur intermédiaire.

Le minimum de l'approvisionnement des timbres-poste est ainsi fixé :

Entreposeurs et facteurs de ville............ 10 fr.
Autres facteurs des postes................. 5 fr.

Remises sur la vente des timbres de quittance de 0 fr. 10

(Bulletin mensuel de juin 1889, page 442)

Il est alloué aux facteurs-receveurs, facteurs de ville, facteurs locaux et aux facteurs ruraux une remisede 1 p. 100 sur le prix des timbres de quittance de o fr. 10 vendus par eux.

Les facteurs des postes doivent toujours être porteurs, en cours de tournée, de 20 timbres de quittance à o fr. 10, correspondant à une somme de 2 francs. Dans le cas où, par suite de circonstances exceptionnelles, le receveur des postes serait dépourvu de monnaie de billon, il pourrait effectuer le payement de la remise de 1 p. 100 aux intéressés au moyen de timbres-poste à 1 ou à 2 centimes.

Remises allouées par la Caisse Nationale d'Epargne aux sous-agents des postes

(Article 512 de l'instruction générale de la C. N. E.)

Tout facteur-receveur, facteur de ville, facteur local ou facteur rural qui recueille une demande de livret, une demande de transfert-recette, ou une demande de changement de série de livret, a droit à une indemnité de o fr. 15 centimes. Cette indemnité doit être payée aux sous-agents, à la date de l'acceptation du dépôt par leur Receveur.

Il est bon de rappeler ici que les facteurs peuvent se charger d'effectuer pour le compte des déposants de leur

localité des dépôts ou des retraits de fonds, mais ces opé-
rations ayant lieu *du libre consentement des deux parties*
n'ont pas pour effet d'engager la responsabilité de la caisse
nationale d'épargne (art. 24).

Indemnité de frais de séjour

(Bulletin mensuel de janvier 1891, page 3)

Une indemnité pour frais de séjour de 100 francs est
accordée aux sous-agents des Postes et des Télégraphes en
résidence dans les villes ci-après :

Le Hàvre. — Saint-Etienne. — Nice. — Toulon. — Lille.
— Boulogne-sur-Mer. — Roubaix. — Tourcoing. — Reims.
— Rouen. — Bordeaux. — Pau. — Bayonne. — Biarritz
et Monaco.

CHAPITRE VI

—

Secours

(Article 1235 de l'Instruction générale)

Ne sont admis à participer au fonds de secours que les sous-agents ou anciens sous-agents, leurs veuves et leurs orphelins *mineurs* qui se trouvent dans une situation *nécessiteuse*.

Les sous-agents mal notés, les anciens sous-agents révoqués, rayés des cadres, ainsi que ceux qui ont résilié volontairement leurs fonctions, n'ont aucun titre à l'assistance de l'Administration.

Il ne peut être accordé qu'un seul secours à la même personne dans l'espace d'une année.

Les demandes de secours doivent être transmises par la voie hiérarchique lorsqu'elles émanent de sous-agents en activité de service.

Blessures reçues en service — Droits des sous-agents

(Article 93 de l'Instruction générale)

Le sous-agent dont la maladie est le résultat, soit d'un acte de dévouement accompli dans un intérêt public ou pour sauver la vie d'un citoyen, soit d'un accident grave résultant notoirement de l'exercice de ses fonctions et qui le met hors d'état de continuer son service, peut conserver l'intégralité de son traitement jusqu'à son rétablissement ou jusqu'à la mise à la retraite.

Pour sauvegarder leurs droits ultérieurs, les sous-agents blessés dans le service ou à l'occasion du service doivent, dans leur intérêt même, produire soit un procès-verbal en due forme délivré par le maire sur l'attestation de deux témoins de l'accident, soit un acte de notoriété délivré par le juge de paix sur l'attestation de deux témoins ou de deux personnes qui ont été à même de connaître ou d'apprécier les conséquences de l'accident.

Lorsqu'un sous-agent a été blessé dans son service, ou à l'occasion du service, par un animal domestique, le Directeur doit en être informé de suite, afin de pouvoir, en se basant sur les dispositions de l'art. 1385 du Code civil, réclamer au propriétaire le remboursement des frais de remplacement et des frais de maladie (visite du médecin, coût des médicaments, etc.), que le blessé aura à supporter.

A moins de blessures graves ou de circonstances exceptionnelles, l'Administration n'a pas à intervenir pour le payement d'une indemnité aux sous-agents blessés. Cette indemnité peut être réclamée par les intéressés, mais cette demande est faite à leurs risques et périls.

Pensions

(Articles 136 et suivants de l'Instruction générale)

Les sous-agents qui ont fait partie du service actif pendant quinze ans ont droit à la pension de retraite à cinquante-cinq ans d'âge et après vingt-cinq ans accomplis de service.

Les services civils ne sont comptés que de la date du premier traitement d'activité et à partir de l'âge de vingt ans *accomplis.*

La partie active comprend les brigadiers-facteurs, les courriers-convoyeurs, les facteurs des postes et les chargeurs.

Les autres sous-agents doivent avoir trente ans de service et soixante ans d'âge.

Retraites proportionnelles

Est dispensé de la condition d'âge le sous-agent ayant accompli la durée de service exigée et reconnu hors d'état de continuer ses fonctions. Lorsque l'admission à la retraite a lieu avant l'accomplissement de la condition d'âge, cette admission ne peut être prononcée qu'après la production de certaines pièces constatant que le postulant est atteint d'infirmités qui le mettent réellement dans l'impossibilité de continuer son service.

Les sous-agents peuvent être reconnus hors d'état de continuer leurs fonctions soit par suite d'incapacité morale, soit par suite d'incapacité physique.

Dans le premier cas, le sous-agent doit fournir un rapport de ses supérieurs faisant ressortir son état d'invalidité morale.

Dans le second cas, il doit produire :

1º Un certificat du médecin qui lui a donné ses soins (sur papier timbré et légalisé);

2º Un certificat du médecin assermenté (sur papier timbré et légalisé);

3º Un rapport du Directeur.

Ces pièces doivent relater l'impossibilité dans laquelle se trouve le sous-agent de continuer utilement l'exercice de son emploi.

Retraites exceptionnelles

Les retraites exceptionnelles sont accordées sans condition d'âge et de durée de service. Elles ne sont accordées :

1º Qu'aux agents et sous-agents mis hors d'état de continuer leur service, soit par suite d'un acte de dévouement, soit par suite de lutte ou combat soutenu dans l'exercice de leurs fonctions ou à l'occasion de leurs fonctions.

2° Qu'aux agents et sous-agents, qui, par suite d'un accident grave résultant notoirement de l'exercice de leurs fonctions, sont mis dans l'impossibilité de les continuer.

Elles sont accordées en outre, aux agents et sous-agents comptant cinquante ans d'âge et vingt ans de service dans la partie sédentaire, ou quarante-cinq ans d'âge et quinze ans de service dans la partie active (non compris le service militaire) et que des *infirmités graves*, résultant de l'exercice de leurs fonctions, mettent da . .'impossibilité absolue de les continuer.

L'excellent ouvrage de M. Jaccottey donne, aux pages 150 et suivantes, de précieux renseignements sur la jurisprudence du Conseil d'Etat en matière de pensions à titre exceptionnel.

Les justifications complémentaires à produire à l'appui d'une demande de pension de retraite exceptionnelle formée par un sous-agent sont :

1° Un certificat du médecin qui donne habituellement des soins au sous-agent (sur papier timbré et légalisé);

2° Un certificat d'un médecin assermenté (sur papier timbré et légalisé);

3° Une attestation de l'autorité municipale;

4° Une attestation du chef de service.

Si le médecin assermenté est le médecin habituel du sous-agent, un seul certificat médical est nécessaire, mais ce certificat doit faire ressortir cette particularité.

Quotité et maxima des pensions

La pension de retraite est réglée pour chaque année de service civil à 1/60 du traitement moyen.

Néanmoins, pour 25 ans de services entièrement rendus dans la partie active, elle est de la moitié du traitement moyen avec accroissement, pour chaque année de service en sus, de 1/50 du traitement.

En aucun cas elle ne peut *excéder* ni les 3/4 du traitement moyen pour les traitements de 1000 fr. et au-dessous ;

Ni les 2/3 du traitement moyen, sans pouvoir descendre au-dessous de 750 fr. pour les traitements de 1.001 à 2.400 fr.

Pour les traitements de 2.401 à 2800 (maximum des traitements alloués à quelques sous-agents) la pension de retraite ne peut excéder 1.600 fr.

Le traitement moyen est calculé sur les six dernières années de l'activité.

Les hautes-payes sont soumises aux retenues réglementaires pour le service des pensions civiles et entrent [dans le décompte des sommes brutes servant à former le traitement moyen.

Quelques sous-agents m'ayant prié de compléter le chapitre relatif à la quotité des pensions de retraite afin de pouvoir se rendre compte eux-mêmes, aussi exactement que possible, du montant présumé de la pension de retraite à laquelle ils pourraient prétendre, je crois devoir me conformer à leur désir en augmentant les renseignements fournis dans la première édition du « Guide » et en appuyant ces renseignements de quelques exemples.

La pension de [retraite se compose de deux parties :

La première partie regarde les sous-agents qui ont des services militaires à faire valoir ; la seconde partie concerne les services civils. Les services militaires se liquident, en effet, à part et par suite augmentent dans une mesure appréciable le montant de la pension accordée pour les services administratifs.

Services militaires

Les services militaires qui, je le répète, se liquident à part comptent depuis la date de l'incorporation jusqu'à celle de la libération *définitive* et non jusqu'à la date de l'envoi dans les foyers.

Toutefois, si l'intéressé était entré dans l'Administration des Postes et des Télégraphes comme sous-agent *titulaire* avant la date de sa libération définitive, la durée des services militaires prendrait fin la veille au soir du jour où ce sous-agent commencerait à toucher un traitement civil.

Il est entendu que depuis la loi de 1872 sur le recrutement de l'armée c'est le passage dans la réserve de l'armée active qui marque la cessation des services militaires en ce qui regarde la liquidation des pensions.

Le taux de la pension à appliquer est celui de la loi en vigueur au moment *où les services militaires ont cessé.*

Ci après 2 tableaux qui permettent de calculer les pensions militaires à ajouter aux pensions civiles.

1er Tableau. — GUERRE

GRADES	Loi du 11 avril 1831	Loi du 26 avril 1855	Loi du 18 août 1879	Loi du 23 juillet 1881
Soldat.	200 francs pour 30 ans.	365 francs pour 25 ans.	500 francs pour 25 ans.	600 francs pour 25 ans.
Caporal ou Brigadier.	220 francs pour 30 ans.	385 francs pour 25 ans.	520 francs pour 25 ans.	700 francs pour 25 ans.
Sergent. ou Mar.-des-logis	250 francs pour 30 ans.	415 francs pour 25 ans.	550 francs pour 25 ans.	800 francs pour 25 ans.
Sergent-major ou Mar.-des-log.-ch.	300 francs pour 30 ans.	465 francs pour 25 ans.	600 francs pour 25 ans.	900 francs pour 25 ans.

2ᵉ Tableau. — MARINE

GRADES	Loi du 18 avril 1831	Loi du 21 juin 1856	Loi du 5 août 1879	Loi du 8 août 1883
Matelot.	200 francs pour 25 ans.	365 francs pour 25 ans.	500 francs pour 25 ans.	600 francs pour 25 ans.
Quartier-Maître.	2?0 francs pour 25 ans.	385 francs pour 25 ans.	520 francs pour 25 ans.	700 francs pour 25 ans.
Second Maître.	250 francs pour 25 ans.	415 francs pour 25 ans.	550 francs pour 25 ans.	890 francs pour 25 ans.

Exemple : Un caporal libéré au mois de septembre 1879, après avoir accompli 4 années de services militaires et nommé le lendemain de sa rentrée dans ses foyers facteur des postes, aurait droit pour rémunération de ses services militaires si plus tard il réunissait les conditions voulues pour obtenir une pension de retraite, au 25ᵉ de 520 fr. par année de service militaire, c'est-à-dire à 20 fr. 80 par année et, pour ses 4 années, à 83 fr. 20

S'il avait été second maître dans la marine, il aurait eu droit au 25ᵉ de 550 fr., c'est-à-dire à 22 fr. par année et, pour ses 4 années, à : 88 fr.

Pensions civiles

Cette question des services militaires étant réglée, il reste maintenant la question, bien autrement compliquée, des services administratifs pour lesquels le montant de la pension civile est liquidée de différentes façons suivant que le sous-agent appartient à l'une des deux catégories énoncées ci-dessous :

1° Le sous-agent a appartenu au service actif pendant toute sa carrière, ou tout au moins pendant 25 ans (le service actif comprend les facteurs des postes, les courriers-convoyeurs, les chargeurs et les brigadiers-facteurs);

2° Le sous-agent a appartenu au service sédentaire pendant toute sa carrière ou compte moins de 25 années dans la partie active (la partie sédentaire comprend les facteurs des télégraphes, les surveillants, les gardiens de bureau sédentaire, les gardiens de bureau ambulant et les entreposeurs).

1ʳᵉ Catégorie. — Pour la 1ʳᵉ catégorie le montant de la pension de retraite est fixé pour 25 ans à la moitié du traitement moyen, avec accroissement pour chaque année de service en sus, de 1/50 de ce traitement moyen.

1ᵉʳ exemple. — Un facteur rural admis à faire valoir ses droits à une pension de retraite à dater du 1ᵉʳ novembre 1896 après 26 années de services *actifs* désire connaître le montant de sa pension de retraite.

Ce facteur rural doit d'abord calculer les sommes qui lui ont été allouées comme traitement brut (y compris les hautes-payes) du 1ᵉʳ novembre 1890 au 31 octobre 1896.

Je suppose que le facteur-rural dont il s'agit ait eu droit comme traitement pendant les 6 dernières années à . . 4.950
et comme hautes-payes . . . . d° . . . . à 1.350

$$\text{Total} \ldots \ldots \ldots \ldots \ldots \ldots \quad 6.300$$

Le 6ᵉ de ce total — c'est-à-dire 1050 fr. — sera le traitement moyen devant servir de base à la liquidation de la pension de retraite et le 50ᵉ de ces 1050 fr. — soit 21 fr., sera le chiffre qui, multiplié par 26, nombre d'années de services administratifs, donnerait le montant de la pension civile due à ce facteur-rural.

$$21 \times 26 = 546 \text{ fr.}$$

C'est-à-dire moitié du traitement moyen plus 1/50e

Le montant de cette pension après 33 ans et 4 mois de services eût été pour 33 ans de : $21 \times 33 = 693$ 700 fr.

et pour 4 mois de : 1/3 de $21 = 7$ montant de la pension

Cette pension eût pu atteindre 750 fr. avec un nombre d'années plus élevé de service, le maximum étant les 2/3 du traitement sans pouvoir cependant dépasser le chiffre de 750 fr. (Voir maxima des pensions page 39).

2e exemple. — Un facteur local ayant appartenu pendant 31 années au service actif est au traitement maximum de 850 fr. depuis 6 ans au moins et possède, en outre, la 5e haute paye (250 fr.) depuis 6 ans, désire connaître quel serait le montant de sa pension de retraite civile ?

Son traitement n'ayant pas varié pendant les 6 dernières années, le traitement moyen est $850 + 250 = 1100$ fr., dont le 1/50 — 22 fr. — sera le chiffre à multiplier par le nombre d'années — 31 — pour obtenir la somme cherchée : $22 \times 31 = 682$ fr.

Après 32 ans de services, il aurait eu

droit à........................... $682 + 22 = 704$ fr.
Et après 33........................ $704 + 22 = 726$ fr.

Mais après 40 ans de services par exemple il n'aurait pas eu droit aux 40/50 de 1100 fr., c'est-à-dire à 880 fr., car le maximum des pensions pour les traitements moyens compris entre 1001 et 2400 ne peut excéder les 2/3. Toutefois la pension dont il s'agit étant ramenée au maximum des 2/3 (733 fr.) descend, de ce fait, au-dessous de 750 fr. et doit être élevée à ce dernier chiffre qui est un minimum de maximum (Voir maxima des pensions, page 39). De ce qui précède, il résulte que quel que soit le nombre de ses années de service, un sous-agent dont le traitement moyen pendant les 6 dernières années ne dépasserait pas 1125 fr. ne pourrait normalement, en aucun cas, obtenir une pension de retraite excédant 750 fr.

2ᵐᵉ Catégorie. — Pour cette 2ᵉ catégorie, qui concerne les sous-agents du service sédentaire, ou ayant appartenu au service actif pendant *moins de 25 ans*, le montant de la pension de retraite est calculé à raison de 1/60 du traitement moyen pour chaque année de service.

1ᵉʳ exemple. — Un facteur ayant toujours fait partie des sous-agents des télégraphes, comptant 36 ans de services civils, désire connaître le montant de sa pension de retraite.

Sur les 6 dernières années il a été, pendant un an,

au traitement de :.............................. 1.400

et 5 ans au traitement de 1500 (1500 × 5) = 7 500

TOTAL.................... 8.900

dont le 6ᵉ (1483.33) représente le traitement moyen. Ce sous-agent, ayant 36 années de service, aura droit au 36/60 de 1483.33 ; soit $\dfrac{1483.33 \times 36}{60} = 889$. En restant un plus grand nombre d'années, il aurait pu obtenir les 2/3 de 1483.33, soit 988 fr. (Voir maximum des pensions, page 39), si son traitement moyen n'avait pas varié, mais s'il avait été au traitement de 1500 fr. pendant les 6 dernières années de sa carrière administrative, sa pension de retraite eût été des 2/3 de 1500 fr., soit 1000 fr.

2ᵉ exemple. — Un chef-surveillant comptant 30 années de service dans la partie sédentaire et ayant eu pendant les 6 dernières années de sa carrière un traitement moyen de 2.700 fr. aurait droit à une pension de retraite égale aux 30/60 de 2700, c'est-à-dire à 1350 fr.

Avec un nombre d'années plus élevé de service, il eût pu obtenir 1600 fr. de pension ; le *maximum* des pensions des traitements moyens compris entre 2.401 et 3.200 étant de : 1.600 fr. (Voir maximum des pensions, page 39).

Note très importante

Les sous-agents ne doivent pas perdre de vue :

1° Que les services militaires sont liquidés à part et que

leur rémunération s'ajoute à celle des services civils jusqu'à concurrence du maximum;

2° Que les services civils à liquider commencent seulement à 20 ans accomplis;

3° Que le sous-agent ayant appartenu au service actif pendant au moins 15 ans peut obtenir sa retraite à 55 ans d'âge et après 25 ans de service;

4° Que la liquidation des pensions s'opère en négligeant sur le résultat final du décompte les fractions de mois et de franc;

5° Que le traitement *brut* des 6 dernières années sert de base à la liquidation des pensions civiles et que le traitement *brut* est la rétribution que toucherait le sous-agent, si son traitement n'était pas soumis aux retenues de 5 p. 100, du $1^{er}/12^e$ de traitement et du $1^{er}/12^e$ d'avancement ; retenues opérées d'ailleurs pour le service des pensions civiles;

6° Que le $1/50^e$ du traitement ne s'applique que lorsque la totalité des services s'est accomplie dans la partie active ou lorsque le candidat compte 25 années de services *au moins* dans la partie active ; dans ce dernier cas, le $1/50^e$ du traitement est donné pour la durée totale des services ;

7° Que pour les traitements moyens ne dépassant pas 1125 fr., la pension ne peut excéder 750 francs;

8° Que pour les traitements moyens, compris entre 1125 et 2400 francs, la pension ne peut excéder les 2/3 du traitement moyen;

9° Que pour les traitements moyens supérieurs à 2400 la pension d'un sous-agent ne peut excéder 1600 francs.

Avis important. — Les certificats des médecins doivent établir nettement, après l'énoncé des infirmités dont le sous-agent est atteint, que les infirmités résultent *uniquement* de l'exercice de ses fonctions, et qu'elles le mettent dans l'impossibilité *absolue* de les continuer.

Il importe en outre, et c'est le point essentiel, que les certificats soient très explicites en ce qui concerne la relation existant entre les dites infirmités et les fonctions de l'agent.

La rédaction « infirmités contractées dans le service », ou toute phrase semblable, n'est pas admise par le Conseil d'Etat.

Les attestations de l'autorité municipale et du chef de service doivent corroborer entièrement les déclarations des médecins. Ces attestations peuvent être écrites à la suite de l'un des certificats des médecins.

Provision

(Art. 136 de l'Instruction générale)

Le sous-agent admis à la retraite normale, et dont le traitement d'activité ne dépassait pas 2.500 francs, peut recevoir, à titre de provision, les quatre-cinquièmes du montant présumé de sa pension de retraite, jusqu'à la délivrance de son certificat d'inscription. Le bénéfice de cette disposition est également applicable aux veuves des dits sous-agents morts dans l'exercice de leurs fonctions.

Droits des veuves

(Bulletin mensuel 1895, page 140)

La veuve d'un sous-agent qui a obtenu une pension de retraite, ou qui a accompli la durée de service exigée par la loi, c'est-à-dire 25 ans de service, a droit à pension, pourvu que le mariage ait été contracté six ans avant la cessation de service du mari, sauf le cas de séparation de corps, ou de divorce, prononcé sur la demande du mari.

La pension de la veuve est du tiers de celle du mari, sans pouvoir être inférieure à 100 francs.

Droits des orphelins mineurs

S'il existe des orphelins *mineurs* provenant d'un mariage antérieur du sous-agent, il est prélevé sur la pension de la veuve, et sauf réversibilité en sa faveur, un quart au profit de l'orphelin du premier lit, s'il n'en existe qu'un en âge de minorité, et la moitié s'il en existe plusieurs.

Les orphelins mineurs d'un agent ou sous-agent ayant accompli la durée de service exigée par la loi, ou ayant obtenu pension, ont droit à un secours annuel dont le montant est égal à la pension que la mère aurait obtenue. Les pièces à produire par les veuves et par les orphelins sont indiquées aux intéressés, sur leur demande, par le Directeur départemental.

Pièces à produire par les veuves et par les orphelins mineurs

Les pièces à produire par les veuves sont :

1° L'acte de naissance de la veuve.

2° L'acte de décès du mari.

3° L'acte de célébration du mariage.

4° Un certificat de non-séparation de corps et de non-divorce délivré par le maire du lieu de la résidence de la veuve, *sur l'attestation de deux témoins.*

Si la séparation de corps ou le divorce a été prononcé au profit du mari, la veuve ne peut prétendre à pension.

(Ces 4 pièces doivent être établies sur papier timbré et dûment légalisées.)

5° Une déclaration de domicile de la veuve.

6° S'il y a lieu, une copie du titre de pension délivré au mari, ou une déclaration constatant la perte de ce titre.

Cette dernière pièce est remplacée par le relevé des services du mari, si ce dernier est décédé avant d'avoir obtenu pension.

Les orphelins mineurs ont à produire les pièces suivantes :

1° Les actes de naissance des orphelins.

2° L'acte de décès de leur père.

3° L'acte de célébration du mariage de leurs père et mère.

4° Une expédition ou un extrait de l'acte de tutelle.

5° En cas de prédécès de la mère, son acte de décès,

6° En cas de séparation de corps, une expédition du jugement qui a prononcé la séparation, ou un certificat du greffier du tribunal qui a rendu le jugement.

7° Un certificat de vie des orphelins.

8° Un certificat constatant qu'il n'existe pas d'autres enfants mineurs que ceux désignés dans l'acte de tutelle.

(Ces 8 pièces doivent être délivrées sur papier timbré et dûment légalisées.)

9° Une déclaration de domicile de tuteur.

10° Une copie, certifiée conforme, du titre de pension délivré au père, ou une déclaration constatant la perte de ce titre.

Payement des pensions

Les pensions sont payées par trimestre *échu*, aux dates ci-après : 1er mars, 1er juin, 1er septembre, 1er décembre.

Payement aux héritiers des arrérages dus à un pensionnaire le jour de son décès

Pour recevoir les arrérages dus à un pensionnaire le jour de son décès, les héritiers doivent produire :

1° L'acte de décès du pensionnaire (sur papier timbré et légalisé).

2° Son titre de pension.

3° Un extrait d'intitulé d'inventaire, ou, à défaut d'inventaire, un certificat de propriété délivré par le juge de paix constatant le nombre et la qualité des héritiers.

Si la somme à percevoir n'excède pas 50 francs, le certificat de propriété peut être délivré par le Maire (sur papier timbré et légalisé).

Prix des expéditions des actes de l'État Civil

On peut obtenir des copies sur papier timbré des actes de l'état civil, en s'adressant aux mairies ou aux greffes des tribunaux civils.

L'expédition d'un acte de mariage coûte :

à Paris.. 3.30
dans les villes de 50,000 âmes et au-dessus........... 2.80
dans les villes ou communes au-dessous de 50.000 âmes. 2.40

L'expédition d'un acte de naissance ou de décès coûte :

à Paris.. 2.55
dans les villes de 50.000 âmes et au-dessus........... 2.30
dans les villes ou communes au-dessous de 50.000 âmes. 2.10

Pour les actes reçus à Paris *avant le 1er janvier 1860* il y a lieu de s'adresser aux Archives de la Préfecture de la Seine; ces actes détruits en 1871 et reconstitués donnent lieu, en sus des prix, à la perception d'un droit fixe de 1.20.

Les expéditions des actes de l'état civil doivent être légalisées par le Président du Tribunal de 1re instance. Le coût de la légalisation est de 0 fr. 25.

CHAPITRE VII

Actes de probité et actes de courage

Les actes de probité et les actes de courage relevés à l'actif des sous-agents, signalés par les receveurs au Directeur départemental, donnent lieu à une mention au *Bulletin mensuel*; note en est prise aux dossiers de recette et de direction des intéressés. Les actes de courage sont, en outre, signalés s'il y a lieu, au Préfet qui apprécie s'il convient de réclamer pour leur auteur une récompense honorifique.

Décorations

(*Décret du 22 mars 1833*)

Des médailles de bronze ou d'argent peuvent être décernées aux sous-agents qui se seraient fait remarquer par de longs et irréprochables services, ou par des actes de dévouement ou de courage *dans l'exercice de leurs fonctions.*

La médaille d'argent n'est accordée qu'aux sous-agents titulaires de la médaille de bronze depuis plus de cinq années. Les sous-agents ne peuvent prétendre à une médaille d'honneur lorsqu'ils ont cessé leurs fonctions ou le service qui établit leurs titres à ladite médaille. Les titulaires des médailles d'argent ou de bronze sont autorisés à porter la médaille suspendue à un double ruban tricolore. Le ruban ne peut être porté sans la médaille.

En cas de faute grave, l'autorisation du port de la médaille accordée au titulaire peut être suspendue ou retirée. Le nombre des médailles d'honneur à accorder chaque année étant très restreint, il s'ensuit que les candidats à cette décoration ne peuvent l'obtenir que s'ils sont très bien notés et s'ils comptent de très longs services civils et militaires.

La classification des candidats à la médaille d'honneur est faite en tenant compte de la durée des services (civils et militaires), du grade du sous-agent et de sa valeur générale d'après l'ensemble de sa carrière.

CHAPITRE VIII

Conseils pratiques — Mesures à prendre dans certains cas en attendant l'arrivée du Médecin

Piqûres de vipères

Les piqûres de vipères produisent immédiatement des maux de cœur, des vomissements suivis de syncope et même de délire ; lier promptement au-dessus de la piqûre pour que le venin ne se développe pas davantage, presser pour faire saigner la plaie, laver en toute hâte avec de l'alcali, et appliquer dessus des linges imbibés d'eau mélangée d'alcali jusqu'à l'arrivée du médecin qu'on devra faire prévenir immédiatement.

Coups de soleil

Dès qu'on est frappé d'insolation, la peau devient rouge, brûlante et très sensible, amenant quelquefois des maux de tête accompagnés de fièvre ; pour calmer la souffrance, mouiller la peau avec de la crème, du cérat ou de l'huile fraîche ; si le mal est étendu, consulter un médecin.

Entorses et foulures

Faire fondre du suif avec une poignée de sel gris et un verre de vinaigre, tremper des compresses dans cette composition et les mettre toutes chaudes, renouveler dès qu'elles sont tièdes.

Maux de gorge

En attendant la visite du médecin, user de tisane et de sirop de bourrache, de bains de pieds, de boissons adoucissantes, de gargarisme à l'alun, à l'eau salée, à l'eau de riz, de vésicatoires ; s'il y a prostration, sinapismes.

Un des meilleurs remèdes et des plus simples consiste à sucer à différentes reprises le jus d'un citron coupé en deux.

Enfin, quelle que soit la nature du mal, le remède suivant ne peut que préparer favorablement la médication, s'il n'enraye pas entièrement la maladie :

Prendre du miel auquel on ajoute une cuillerée à café de farine, un jaune d'œuf, un morceau de beurre, mélanger le tout, en former un onguent sur un linge de toile qu'on lie autour du cou en mettant un second linge par-dessus.

Asphyxie par submersion

Transporter le noyé dans une habitation quelconque, la plus proche ; ne pas le suspendre par les pieds comme on en a la stupide habitude dans les campagnes, mais le déshabiller, l'envelopper dans une couverture de laine, le coucher un peu sur le côté droit, la tête soulevée, promener sur son corps des fers à repasser légèrement chauffés, lui souffler de l'air dans la bouche, persévérer pendant plusieurs heures s'il le faut, et ne pas se laisser décourager. Dès que la chaleur revient, donner de la limonade ou de l'eau légèrement vinaigrée à boire.

Asphyxie par strangulation

Couper le lien et ne pas hésiter, sous prétexte qu'on doit d'abord prévenir l'autorité. En pareil cas, on serait excessivement coupable. Les soins à donner sont absolument les mêmes que pour les noyés.

Engelures

Tenir les engelures à l'abri de tout contact de l'air et les recouvrir pendant quelques jours d'une feuille de taffetas imbibée d'extrait de saturne, d'alcool camphré, d'acide phénique ou de teinture d'iode.

Dartres

Cette maladie de la peau se traite par les dépuratifs ordonnés par le médecin.

Cors aux pieds et œils de perdrix

Appliquer un cataplasme de farine de graine de lin et les enlever ensuite en se servant non de couteau, mais de l'ongle.

Brûlures

Tenir la partie malade dans l'eau froide et la recouvrir ensuite d'un linge bien doux enduit ou de cérat, ou d'huile, ou de beurre frais. Ne jamais employer un corps gras salé.

CHAPITRE IX

SOCIÉTÉS DE SECOURS MUTUELS

Les Sociétés de secours mutuels, très nombreuses en France, ont pour objet de secourir leurs membres en cas de maladie ou d'accident. Près de trois mille Sociétés ne se contentent pas cependant de ce but modeste, elles accordent à leurs Sociétaires, dans des conditions fixées par un règlement, des pensions viagères, proportionnelles à l'importance des versements effectués. — Dans l'intérêt du Personnel, il me paraît utile de faire connaître les conditions d'admission, les moyens d'action et les statuts d'une société très importante de secours mutuels dont font partie de nombreux fonctionnaires, agents et sous-agents des administrations de l'Etat : je veux parler de l'*Association de prévoyance des employés civils de l'État* :

ASSOCIATION DE PRÉVOYANCE DES EMPLOYÉS CIVILS DE L'ÉTAT

Nous avons déjà signalé aux lecteurs du « Manuel des Agents des Postes et des Télégraphes » (1) *l'Association de pré-*

(1) Le « Manuel des Agents des Postes et des Télégraphes » donne de nombreux renseignements sur tout ce qui concerne la situation administrative des Agents (Receveurs, Commis, Surnuméraires, Dames-Employées et Aides).

Cet ouvrage est en vente à l'imprimerie Oberthür, à Rennes. Prix : 1 fr. 50 franco.

voyance des employés civils de l'État autorisée à se constituer par arrêté ministériel du 3 février 1881, dont les statuts ont été approuvés par un autre arrêté du 28 mai 1883 et qui finalement a été reconnue d'utilité publique par décret du Président de la République en date du 9 avril 1894.

Cette association compte actuellement cinq mille membres (sociétaires et pensionnaires), parmi lesquels l'Administration des Postes et des Télégraphes est représentée par plusieurs hauts fonctionnaires et environ quinze cents agents ou *sous-agents*. Le regretté Président Carnot en était membre actif au titre d'Ingénieur des ponts et chaussées, et M. le Président F. Faure en est membre donateur. Moins variée dans ses combinaisons que certaines sociétés d'assurance, l'Association des Employés Civils de l'État s'est proposé comme but de constituer en faveur des membres sociétaires, de leurs veuves ou de leurs orphelins mineurs, une pension absolument distincte de celle de l'État et de venir en aide, par des secours, aux veuves et aux orphelins (article 1er des statuts).

Elle peut, en outre, consentir à ses membres sociétaires, dans la limite fixée chaque année par l'assemblée générale et suivant les conditions déterminées par le règlement, des prêts pour leur permettre de constituer, en tout ou en partie, les cautionnements exigés d'eux par l'État en raison de leurs fonctions.

Laissant de côté ce qui concerne les membres honoraires et donateurs, qui sont, comme dans les autres sociétés analogues, ses bienfaiteurs désintéressés, nous distinguerons, parmi les membres participants, les sociétaires fondateurs qui ont adhéré aux statuts avant le 1er avril 1881, et les sociétaires dont l'adhésion est postérieure à cette date.

Tous les sociétaires s'engagent à payer une cotisation mensuelle dont le taux est fixé à 5 francs pour la première année et à 3 francs pour les années suivantes (article 3 du Règlement). Les sociétaires qui sont admis à la retraite de l'État avant d'avoir acquis le droit à la pension sociale peuvent rester sociétaires; la même faculté est laissée à ceux qui quittent le service de l'Etat sans être en possession d'une retraite administrative, pourvu qu'à ce moment ils comptent dix années au moins de participation à l'Association (art. 5).

Nous examinerons successivement la façon dont l'Association opère pour la pension, les secours, les prêts pour cautionnements.

Pensions. — Pour avoir droit à la pension, les sociétaires doivent remplir les conditions suivantes :

Etre admis à la retraite administrative, sauf le cas prévu à l'article 5.

Avoir jusque-là continué à verser la cotisation mensuelle.

Compter, au moment de la retraite, vingt ans au moins de participation effective.

Etre âgé de soixante ans.

La condition d'âge peut être supprimée et la durée de participation abaissée à quinze ans en faveur des sociétaires retraités prématurément pour cause d'accidents ou d'infirmités.

La pension est calculée au prorata des années de participation (elle est actuellement de 8 francs par année de participation).

La pension des veuves et des orphelins est fixée aux deux tiers de celle que le sociétaire avait obtenue ou aurait pu obtenir. La veuve doit avoir été mariée trois ans avant la cessation de participation de son mari à l'Association.

Secours. — Un secours immédiat est accordé aux veuves et aux orphelins mineurs, au jour du décès des pensionnaires et des sociétaires ayant fait partie de l'Association pendant deux ans au moins.

Des secours éventuels peuvent être accordés aux veuves et aux orphelins mineurs, lorsque le sociétaire, comptant au moins cinq ans de participation, sera mort sans leur laisser le droit à la pension.

Le montant des secours est fixé, chaque année, par le conseil d'administration, d'après les ressources de l'Association.

Prêts pour cautionnements. — Le service des prêts pour cautionnements fonctionne depuis plusieurs années. En l'établissant à des conditions notablement plus avantageuses pour l'emprunteur que celles qui sont imposées par les maisons de banque, l'Association a entendu faire acte de solidarité envers les siens.

L'intérêt des prêts consentis par l'Association a été fixé à 5 pour 100 par l'assemblée générale.

Quatre combinaisons sont offertes aux emprunteurs ; l'intérêt à payer d'après chacune d'elles varie suivant la proportion dans laquelle le sociétaire veut grever ses ressources. Prenons comme exemple celle de ces combinaisons qui laisse à l'emprunteur le plus long délai pour se libérer et supposons que l'Association ait versé, pour lui, un cautionnement de 10,000 francs. Il n'aura à payer, pendant toute la durée du prêt, que 3 pour 100 sur le montant de son cautionnement, dont 2 pour 100 attribués à l'Association comme complément de l'intérêt de 3 pour 100 servi par l'État et à 1 pour 100 pour le compte « Reconstitution », c'est-à-dire 300 francs, dont 100 francs seront portés à son avoir, au compte « Reconstitution ».

S'il vient à quitter ses fonctions à la fin de la quinzième année, la situation sera la suivante :

Capital non reconstitué.............. 7.997 fr. 60
Capital reconstitué................... 2.002 fr. 40

Les caisses de l'État ayant alors restitué le cautionnement, l'Association remettra au sociétaire une somme de 2.002 fr. 40 représentant les 1.500 francs versés par lui à titre de reconstitution et une plus-value des sommes reconstituées s'élevant à 502 fr. 40.

Cette manière de procéder constitue pour l'emprunteur un

payement d'intérèts composés de sommes qui lui seront remboursées en fin de contrat.

L'*Association de prévoyance des employés civils de l'Etat* offre encore d'autres avantages à ses sociétaires. Par décision du ministre de l'Instruction publique, deux bourses nationales sont mises chaque année à sa disposition, une bourse de lycée et une bourse d'internat, avec trousseau, dans l'une des trois écoles professionnelles d'Armentières, de Vierzon et de Voiron. De son côté, le ministre du commerce, de l'industrie et des colonies accorde aux fils des membres de l'Association une bourse dans chacune des écoles ci-après désignées : Ecoles nationales d'arts et métiers d'Aix, de Châlons et d'Angers, école pratique d'ouvriers et de contremaîtres de Cluny, écoles de commerce et d'industrie de Reims et de Nîmes, école d'industrie de Saint-Etienne.

Le siège central de l'Association est à Paris, 84, rue de Grenelle. Nous ne saurions trop le répéter : en signalant au personnel des Postes et des Télégraphes l'Association Amicale créée spécialement pour eux et l'Association des Employés civils qui est ouverte à tous les employés, agents et *sous-agents*, de l'Etat, Sociétés qui par leur organisation et la composition de leurs conseils d'Administration nous paraissent dignes de fixer leur attention, nous n'entendons nullement recommander l'une plutôt que l'autre. Notre seul but est d'être utile aux agents et sous-agents des Postes et des Télégraphes, en leur rappelant la nécessité de songer à l'avenir, et en leur fournissant des indications. Mais c'est à eux qu'il appartient d'examiner, de comparer et de s'adresser là où ils croiront trouver les combinaisons répondant le mieux à leurs intérêts.

Les demandes d'admission et de communication des statuts doivent être adressées:

1° Pour l'Association de prévoyance des Employés civils de l'État, à Paris, 84, rue de Grenelle;

2° Pour l'Association Amicale des Postes et des Télégraphes, à M. de Laboulaye, président de l'Association à Paris.

TABLE DES MATIÈRES

ANNEXE

MANUEL POSTAL AD. FRAULT.

La nouvelle édition qui vient de paraître a une importance exceptionnelle. Tout le service postal y est étudié d'une manière très simple et les explications sont mises à la portée des débutants. Les nombreux tableaux et modèles mis à l'appui des explications ont pour résultat de constituer, en même temps, une véritable leçon de choses.

Cet ouvrage est indispensable aux sous-agents qui veulent concourir pour un poste *soit* de brigadier-facteur *soit* de facteur-receveur.

Prix

L'exemplaire broché..... **5.25**
L'exemplaire cartonné... **6.55**

(y compris les annotations de l'année 1897).

Toutes facilités sont accordées pour le payement qui peut être fait, au gré du souscripteur, en plusieurs versements.

LE
BULLETIN HEBDOMADAIRE
DES POSTES
Télégraphes et Téléphones

Recueil de documents administratifs, d'études techniques
De renseignements professionnels
Et de nouvelles diverses intéressant les fonctionnaires et
agents des postes, des télégraphes et des téléphones
Paraissant le jeudi

ET PUBLIÉ SOUS LA DIRECTION DE

ERNEST LAURENT
Licencié en droit
DIRECTEUR DU JOURNAL DES CAISSES D'ÉPARGNE

Le sous-titre du *Bulletin hebdomadaire des Postes, Télégraphes et Téléphones* dit assez ce qu'est cette publication destinée à rendre les plus grands services à tous les fonctionnaires et agents des Postes, des Télégraphes et des Téléphones.

En plus des **Informations et Nouvelles** intéressant le personnel des Postes, Télégraphes et Téléphones, et des articles de fond, dans lesquels sont traitées toutes les questions techniques, d'interprétation de textes ou de réorganisation à l'ordre du jour, le *Bulletin hebdomadaire* s'occupe des divers examens réservés aux candidats à des emplois dans l'administration des Postes, répond à toutes les demandes de **Consultations** qui lui sont adressées par ses abonnés sur les questions de service, et publie régulièrement les derniers **Mouvements du Personnel.**

Ils suffit d'en faire la demande à l'administration du BULLETIN HEBDOMADAIRE, 56, avenue de Breteuil, à Paris, pour obtenir L'ENVOI GRATUIT de deux numéros spécimens.

ON S'ABONNE A PARIS
A l'Administration du Bulletin, 56, avenue de Breteuil

PRIX DE L'ABONNEMENT :
**France : Trois mois, 2 fr. 50. — Six mois, 4 fr. 50. —
Un an, 8 francs.
Étranger : Trois mois, 3 francs. — Six mois, 5 fr. 50. —
Un an. 10 francs.**

JOURNAL DES POSTES

ET

L'Avenir des Postes, Télégraphes et Téléphones

Journal administratif, littéraire, scientifique et politique.

PARAISSANT LE DIMANCHE

ABONNEMENTS :

Un an. — **7** fr. — Six mois : **4** fr.

Abonnements avec prime du *Petit Echo de la Mode* :

Première édition. — Un an. — **11 fr. 80**
Deuxième édition (avec patrons). Un an. — **13 fr. 40**

RÉDACTEUR EN CHEF

P. FARJANEL

Ancien Receveur des Postes et des Télégraphes
à la Chambre des Députés

BUREAUX : *46, Grande-Rue, à Sèvres (Seine-et-Oise).*

REVUE DES POSTES & TÉLÉGRAPHES

Journal hebdomadaire paraissant le mercredi.

ABONNEMENTS :

Un an. — **6** fr. — Six mois : **3** fr. **50**

DIRECTEUR

HECTOR FONTAN

8, Rue de la Chaise, Paris

Les abonnements partent du 1er de chaque mois.

LE
FACTEUR DES POSTES

Moniteur des sous-agents des Postes et des Télégraphes

ET DES

Anciens militaires employés civils de l'État

PARAISSANT TOUS LES DIMANCHES

ABONNEMENTS : Un an : **5** francs. — **6** mois : **3** francs.

Adresser tout ce qui concerne l'Administration et la Rédaction aux bureaux du Journal, 257, rue Saint-Honoré.

Le Facteur des postes est une tribune ouverte à tous les sous-agents des Postes et des Télégraphes pour leurs revendications.

Courrier des Examens
Des Postes, Télégraphes et Téléphones
3, rue d'Alençon (Bᵈ Montparnasse), à Paris

LOUIS NAUD
Breveté de l'école professionnelle supérieure
Rédacteur au Sous-Secrétariat des Postes et des Télégraphes
DIRECTEUR

Le *Courrier des Examens* est une publication spéciale rédigée par un Comité de Professeurs et d'Agents supérieurs des Postes et Télégraphes pour la préparation à tous les examens de l'Administration :

École supérieure, Surnumérariat, emplois de Dame, de Receveur et de Receveuse, de Facteur-receveur, d'Aide, de Brigadier-facteur, de Courrier-convoyeur, de Tubiste, de Téléphoniste, etc...

Chaque numéro renferme : d'une part, des séries distinctes de questions constituant, — pour chacun de ces examens — la somme des matières d'un concours ; d'autre part, le corrigé des questions proposées dans le précédent numéro.

Le *Courrier des Examens* offre, en outre, à ses abonnés : L'indication des ouvrages à consulter et des leçons à étudier chaque quinzaine pour la préparation à ces divers examens ; Des *informations* concernant l'annonce d'examens, la nature et l'étendue des programmes, des conseils aux candidats, etc... ; Une *boîte aux lettres*, correspondance avec les abonnés, renseignements divers sur le recrutement, les traitements applicables aux différents emplois, etc. ; l'insertion d'avis relatifs à des demandes d'aides, des offres de permutation, etc...

Façon de se préparer aux Examens. — A l'arrivée du *Courrier des Examens*, les abonnés doivent étudier sérieusement les leçons indiquées, en s'attachant d'une manière plus spéciale à celles qui font l'objet des questions à traiter. Puis avec le seul secours de leur mémoire, rédiger les réponses correspondantes en n'y consacrant que le temps indiqué. Cet exercice répété tous les quinze jours et la comparaison qu'ils feront de leurs réponses avec le texte modèle inséré dans le numéro suivant du *Courrier* élèvera progressivement le niveau de leurs connaissances et les mettra en mesure de subir avec succès l'examen auquel ils se destinent. Cette préparation sera plus fructueuse encore si les candidats adressent leurs devoirs au *Courrier*, pour qu'ils soient corrigés par ses professeurs spéciaux. Après avoir été revisées et annotées, les compositions seront renvoyées à leurs auteurs avec l'indication du nombre des points obtenus pour chaque question et, en outre, une note générale résumant l'opinion des correcteurs et signalant aux intéressés les matières sur lesquelles ils sont le plus faibles et auxquelles ils doivent par suite donner plus spécialement leurs soins.

Service spécial de rédaction. — La rédaction étant la pierre d'achoppement d'un grand nombre de candidats, un service spécial de devoirs de rédaction a été organisé pour donner aux postulants, avec l'habitude de réfléchir et d'édifier un plan, l'occasion d'exercer leur plume et d'acquérir la correction qui, en général, leur fait défaut.

Ce service, auquel on peut participer concurremment avec la préparation à l'un quelconque des examens, offre aux intéressés deux sujets à traiter toutes les semaines, soit huit sujets tous les mois.

Concours permanent de composition française. — Le *Courrier des Examens* a organisé, à titre gratuit, en faveur de tous ses abonnés indistinctement, un concours mensuel de composition française portant sur des sujets de longue haleine donnés à des examens antérieurs ou empruntés à des branches diverses: histoire, littérature, géographie, etc..

La composition jugée la meilleure est publiée dans le *Courrier* sous les initiales de l'auteur et le lauréat reçoit franco un prix consistant en un volume de son choix. Enfin, chaque concours est suivi d'une note succincte résumant l'opinion du correcteur sur chacun des devoirs qui lui ont été transmis et signalant les imperfections du plan ou du style des concurrents. Ces propositions générales profitent à tous.

TARIF DES ABONNEMENTS :

Abonnement au Journal seul.

Un an : 7 fr. — Six mois : 4 fr. — Trois mois : 2 fr.

Abonnement à la correction des devoirs.

(EN SUS DE L'ABONNEMENT AU JOURNAL SEUL).

	3 mois.	1 mois.
Préparation à l'école professionnelle supérieure....	8 »	3 »
— au surnumérariat.....................		
— à l'examen de dame employée et de candidat à une recette de début..	5 »	2 »
— aux examens de facteur receveur, d'aide, de brigadier facteur, de courrier-convoyeur, d'expéditionnaire, de tubiste, etc..................	3 »	1 50
— Service spécial de Correction des devoirs de Rédaction............	5 »	2 »

Le montant de la somme peut être payé en plusieurs fois.

OUVRAGES SPÉCIAUX ÉDITÉS PAR LE
COURRIER DES EXAMENS

Guide des candidats à l'École supérieure (programme détaillé du concours, relevé de toutes les questions écrites proposées jusqu'à ce jour, grand choix de questions orales, etc.)........... 2 ,

Guide des candidats Surnuméraires (texte des questions proposées depuis 1854, choix de questions résolues, etc.)........................ 3 »

Guide des postulantes, Dames employées et candidats à une Recette de début ou à un emploi de facteur-receveur....................... 2 5o

Dictionnaire des difficultés orthographiques et des homonymes d'après l'Académie.......... 1 5o

Traité de Rédaction à l'usage des candidats de l'Administration (avec Dictionnaire des synonymes) 2 5o

Cours résumé de Mathématiques (arithm., syst. métrique, géométrie, algèbre)............ 2 5o

Un millier de questions résolues (arithm., syst. métrique, géom., alg.)....................... 2 »

Précis de géographie moderne, postale et télégraphique :
1re partie, **Texte et Index alphabé-**
tique..................... 1 25 } Ensemble. 3 »
2e partie, **Cartes coloriées**... 2 »

Cours élémentaire de Phyique et de Chimie 2 5o

Les Recettes simples, conseils aux aides et aux candidats receveurs, dames employées, etc...... 1 5o

Cours de Poste et de Télégraphie (vol. orné de figures ; cours élémentaire 2 fr. 5o ; cours supérieur en préparation)....................... 4 »

Aide-mémoire à l'usage des agents du guichet postal et télégraphique...................................... 2 »

Histoire de la Télégraphie, un élégant volume orné de figures.................................... 2 5o

En outre de ces ouvrages spéciaux, le *Courrier des Examens* se charge de procurer, sans augmentation de prix, à ses abonnés, les livres ou les documents dont ils lui feront connaître le titre exact et le nom de l'éditeur.

Toutes les demandes doivent être adressées comme suit : *Courrier des Examens*, 3, rue d'Alençon (boulevard Montparnasse), Paris.

Poitiers. — Imprimerie BLAIS et ROY, 7, rue Victor-Hugo

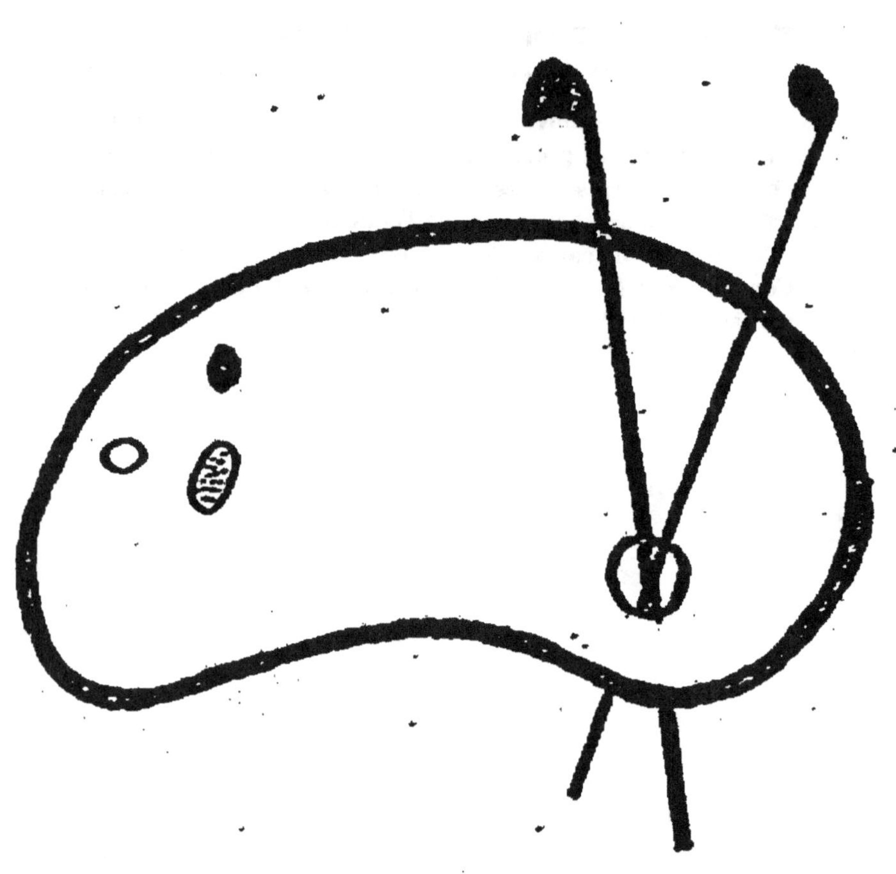

ORIGINAL EN COULEUR
NF Z 43-120-8

www.ingramcontent.com/pod-product-compliance
Lightning Source LLC
Chambersburg PA
CBHW051238030726
47595CB00003B/979